Dépôt légal : septembre 2020
ISBN : 978-2-32223-519-3

Éditeur : BoD - Books on Demand
12/14 rond-point des Champs-Élysées - 75008 Paris - France

Thierry Velu

L'humanitaire

expliqué aux enfants

Du même auteur

Sauveteurs de la dernière chance, éd. 2 Encres, 2003

Séismes et autres catastrophes : sommes-nous préparés ? éd. 2 Encres, 2005

26 décembre 2004, Tsunami, le jour où la mer a tué, éd. 2 Encres, 2005

Un monde plus juste pour demain… c'est possible, le sais-tu ? éditions Henry

L'avenir, quel devenir ? L'homme face aux catastrophes naturelles, éd. 2 Encres, 2010

Si vous saviez ! La rue, une réalité, éd. 2 Encres, 2014

La mascarade démasquée, BoD, 2020

MERCI à :

David CARON pour les dessins des pages 11 - 17 - 22 - 27

Nathalie COSTES pour l'accompagnement et le soutien apporté pour ce livre.

Je vous invite également à retrouver nos actions sur notre site Internet :

www.gscf.fr

Édito

Président-Fondateur de l'ONG de sapeurs-pompiers humanitaires du Groupe de Secours Catastrophe Français (GSCF), j'ai souhaité écrire ce petit fascicule pour t'aider à comprendre le monde humanitaire et la solidarité.

Chaque année, à travers le monde entier, des millions de personnes sont aidées et souvent sauvées grâce à des hommes et des femmes qui travaillent dans le domaine humanitaire.

Savoir ce qu'il se passe au-delà de nos frontières, à quelques heures d'avion de la France, est important.

Ces pages sont écrites dans le but de t'aider à réfléchir et éveiller les valeurs humaines avec lesquelles tu te construis. N'hésite pas à parler autour de toi de ce que tu as appris car transmettre un message peut aider à bâtir un monde plus juste.

Beaucoup de populations sur notre planète ne bénéficient pas de notre chance, à nous, Européens. En effet, de formidables efforts sont fournis en permanence pour améliorer notre quotidien alors qu'ailleurs, de nombreux enfants manquent des choses les plus élémentaires et nécessaires à la vie. Disposer d'eau et de nourriture, de soins médicaux, d'un toit, d'une école, fait partie de ces choses essentielles.

Chaque année, le manque d'eau, de nourriture ou de soins cause pourtant la mort de nombreux êtres humains.

Contre cela, des personnes se mobilisent et viennent en aide à ces populations en danger. Elles font partie le plus souvent d'ONG (Organisations Non Gouvernementales).

Qu'est-ce qu'une ONG ?

Une ONG (Organisation Non Gouvernementale) est avant tout une association.

Une association est un regroupement de personnes qui décident de mettre en commun leurs compétences pour poursuivre un but commun. La majorité du temps, leur travail ne donne pas lieu à un enrichissement financier de l'association ; on parle alors d'association à but non lucratif, ce qui veut dire non profitable.

La majorité des associations est constituée de personnes bénévoles. Tu en connais sûrement (club de musique, club de sports…).

Une ONG est donc une association dont le financement est essentiellement assuré par des dons privés et qui se voue le plus souvent à l'aide humanitaire.

Les ONG ne dépendent pas d'un gouvernement, elles sont indépendantes et libres de se rendre où bon leur semble. Elles interviennent partout dans le monde sans distinction ethnique, religieuse ou politique.

Voici quatre grandes familles d'ONG :

Les ONG humanitaires et d'aide au développement.
Les ONG de défense des droits de l'homme.
Les ONG de défense de l'environnement.
Les ONG à forte dominante culturelle.

Elles sont très nombreuses et d'une extrême diversité en ce qui concerne :

– leur taille, leur capacité financière et technique ;

– leur lien avec le terrain : certaines associations envoient du personnel expatrié, des volontaires, des bénévoles, pour travailler sur place...

– leur type d'intervention, certaines associations interviennent dans l'urgence, d'autres travaillent dans le développement;

– leur façon d'appréhender les problèmes ou leurs zones d'intervention...

Qu'est-ce qu'une crise humanitaire ?

On nomme une situation « crise humanitaire » lorsque des populations sont menacées par un danger.

De nombreux facteurs peuvent en être la cause :

– des phénomènes naturels (tremblements de terre, inondations, sécheresses, etc.)

– des maladies, des épidémies, etc.

– des catastrophes humaines causées par l'homme (conflits, guerres, attentats, etc.)

Bien souvent, les responsables d'un pays pauvre, surpris par les effets d'une catastrophe, ne disposent pas des moyens pour apporter aide et secours à la population et aux nombreuses victimes.

Le pays touché fait alors appel à l'aide internationale afin que d'autres États viennent les secourir en envoyant des moyens humains et matériels et en débloquant également des aides financières.

C'est quoi la pauvreté ?

On est toujours plus pauvre ou plus riche que quelqu'un d'autre, et être pauvre en France ou au Niger, ce n'est pas la même chose.

Il existe une pauvreté que l'on nomme « absolue » lorsque les besoins humains essentiels à la vie (nourriture, eau potable, soins, abri…) ne sont pas satisfaits.

En 2015, et selon les dernières données disponibles, la part de la population mondiale vivant dans la pauvreté a baissé pour s'établir à 10 %, ce qui représente environ 736 millions de personnes. En un quart de siècle, plus de 1,1 milliard de personnes ont vu leur niveau de vie s'améliorer suffisamment pour échapper à l'extrême pauvreté.

Le seuil international de pauvreté est fixé à 1,90 dollar par personne et par jour.

Et pour la France ?

On parle en France du seuil de pauvreté monétaire relatif fixé à 60 % du niveau de vie médian – soit 1 000 euros par mois de revenus disponibles pour une personne seule et 2 500 euros pour un couple avec deux enfants.

Depuis quelques années la pauvreté affecte de plus en plus les jeunes ; elle est concentrée dans certaines zones urbaines.

Enfin, proportionnellement, elle touche de plus en plus de travailleurs pauvres et d'étrangers.

La crise sanitaire vécue à travers la planète en 2020 aura des répercussions sur l'augmentation de la pauvreté aussi bien en France que dans le monde.

Quels sont les besoins vitaux ?

Les besoins vitaux sont les éléments essentiels à la vie.

Les besoins principaux lors d'une crise humanitaire sont en général : l'eau, la nourriture et les soins médicaux.

Les habitants de certains pays vivent au quotidien avec très peu d'eau potable, de nourriture, et l'absence de soins.

Beaucoup ne connaissent pas la sécurité d'un toit, le foyer, le droit à l'enseignement… Ces problèmes ne sont pas négligeables.

Besoin vital en eau

L'eau est un composant indispensable pour le corps et tout organisme vivant en a besoin pour ne pas mourir.

Une perte de plus de 15 % de l'eau que contient notre corps peut entraîner la déshydratation et la mort.

Boire de l'eau est vital.

Le savais-tu ?

- La Terre compte 510 millions de km^2 et sa surface est couverte de près de 70% d'eau.

- De l'espace, on ne voit qu'elle ; elle donne sa couleur à notre planète : la planète bleue

- La presque totalité de l'eau sur notre planète est soit salée, soit gelée en permanence.

- Le corps humain contient environ 65 % d'eau, ce qui correspond à environ 45 litres d'eau pour une personne de 70 kilogrammes.

- L'organisme humain a quotidiennement besoin d'un minimum de 2 litres d'eau. Sans eau, il ne peut survivre au-delà de quelques jours.

- Nos aliments sont principalement constitués d'eau : tomates (95 %), épinards (91 %), lait (90 %), pommes (85 %), viande de bœuf (61 %), etc.

- Dans les pays en voie de développement, 80 % des maladies sont liées à l'eau.

Une personne sur cinq, soit 1,1 milliard de personnes dans le monde, ne connaît pas la chance de pouvoir utiliser de l'eau selon ses besoins : pour boire, se laver, se brosser les dents, aller aux toilettes, faire la vaisselle, la lessive...

À tout moment, quand tu le souhaites, l'eau est disponible dans ton environnement : d'un simple tour de robinet, en bouteille dans ton réfrigérateur, dans les piscines...

Imagine demain, une vie où l'eau serait rare...

L'eau est la première cause de mortalité dans le monde. On estime que, chaque jour, 6 000 enfants qui n'ont pas eu accès à l'eau potable meurent de maladie. En effet, lorsque l'eau n'est pas potable, qu'elle est polluée, elle devient impropre à la consommation car elle provoque de nombreuses maladies ou épidémies.

Forer, pour creuser des puits ou mettre en place des systèmes pour l'acheminement de l'eau dans des endroits où l'eau potable est très rare, fait aussi partie des missions des ONG.

Une catastrophe naturelle peut détériorer les canalisations qui transportent l'eau, privant ainsi des populations entières de la possibilité de boire.

Pour pallier cela, de nombreuses ONG disposent de matériel pour rendre l'eau potable.

Le GSCF (Groupe de Secours Catastrophe Français) possède un matériel de potabilisation d'eau.

Besoin vital de l'alimentation

Le savais-tu ?

Toutes les cinq secondes, un enfant meurt de faim sur notre planète.

Difficile à croire, n'est-ce pas ?

La plupart des décès d'enfants de moins de 5 ans surviennent de causes que l'on peut éviter ou traiter. Pour cela, de nombreuses associations humanitaires travaillent dans le domaine de la nutrition.

Pour que ton organisme se développe et que tu puisses grandir, tu as besoin de vitamines, de calcium, de protéines et autres éléments qui se trouvent dans les aliments que tu manges chaque jour.

Pour vivre, il faut donc manger, ce qui nous paraît évident !

Mais dans de nombreux pays, des populations entières possèdent souvent trop peu ou même rien à manger !

Certaines régions disposent de terres ingrates à cultiver, ou de sols trop arides à cause du manque d'eau. Les cultures y sont difficiles, voire impossibles. Si à cela s'ajoute une catastrophe naturelle, telles une sécheresse ou une inondation, elles peuvent être totalement détruites.

Une guerre ou un conflit peuvent également faire déplacer des millions de personnes qui quittent leur maison. Elles errent sur les routes ou viennent s'abriter dans des camps appelés « camps de réfugiés ». Bien souvent, ces personnes ne disposent d'aucun moyen financier pour acheter de la nourriture.

La faim dans le monde tue davantage que la malaria, la tuberculose et le sida réunis : 25 000 personnes en meurent chaque jour. Difficile à croire, non ?

Les soins pour la santé

Dans notre pays, nous disposons d'un système de santé qui permet un suivi médical régulier, des vaccinations, des soins et des médicaments nécessaires quand nous sommes malades.

Des maladies sans gravité et facilement soignées chez nous deviennent mortelles dans de nombreux pays qui vivent des crises humanitaires sur de longues périodes. Les populations, dont de nombreux enfants, encore une fois, déjà affaiblis par le manque de nourriture et d'eau potable, ne reçoivent ni vaccin ni traitement.

Un simple traitement éviterait chaque jour la mort de 6 000 enfants victimes de diarrhées, symptôme qui chez nous se soigne si facilement !

Personne n'est à l'abri des maladies et des virus. En 2020, le virus de la COVID-19 a tué des milliers de personnes, y compris dans les pays riches.

Une maison, un abri

Peux-tu imaginer que de nombreuses personnes ne disposent pas d'un abri pour seulement pour se protéger des tempêtes et du froid ? Combien de populations vivent dans des endroits avec pour seul abri un toit de tôle ou de paille, et dans lequel l'électricité, l'eau et le chauffage sont absents ?

Dans certains pays victimes de catastrophes naturelles souvent violentes (ouragans, cyclones, tremblements de terre, inondations), les maisons peuvent être détruites en quelques minutes, et les habitants se retrouvent d'un instant à l'autre dépourvus de l'essentiel.

Il en va de même dans les situations de conflits mettant en danger des populations civiles qui, alors, fuient leur région ou leur pays pour échapper à la violence.

En France, pays considéré riche, de nombreuses personnes restent pourtant sans toit. Plus de 200 000 personnes en France, hommes, femmes et enfants ne disposeraient pas d'un logement.

Solidarité, espoir, aide...

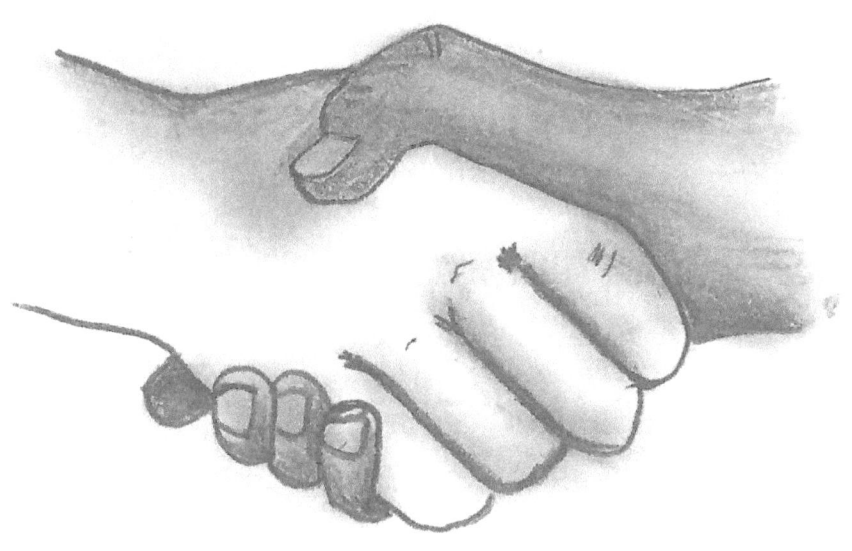

C'est quoi alors la solidarité ?

La solidarité, c'est savoir partager ce que l'on connaît, ce dont on dispose, que ce soit matériel, intellectuel, physique ou de toute autre manière que ce soit.

C'est également partager des préoccupations et des projets.

On appelle « solidarité internationale » l'aide et le soutien apportés au travers de nos frontières.

Alors pourquoi aller aider les autres dans leur pays pendant que d'autres souffrent près de chez nous ?

Que ce soit des problèmes de sécheresse, de pollution, de misère, de guerre, de réfugiés, de catastrophe naturelle, de respect des droits de l'homme s'ils ne sont pas combattus, ils dépasseront un jour ou l'autre les frontières et auront des conséquences chez nous.
C'est ce qu'il se passe actuellement avec les nombreux conflits dans le monde.

En 2019, près de 51 millions de personnes à travers la planète ont dû quitter leur domicile.

Comment accepter que des populations vivent dans une misère extrême quand d'autres connaissent la richesse ?
Les injustices, les déséquilibres sont une source de désespoir, de haine, de guerre, de répression et même de terrorisme.

Notre mode de vie, de culture agricole, de production industrielle, comme les choix politiques et économiques de nos gouvernements ont des conséquences pour toute la planète.

Le gaspillage d'énergie, le pillage des ressources, la pollution, les ventes d'armes… accentuent les inégalités et mettent en danger notre monde.

Certains pays augmentent leurs richesses, et d'autres voient leur pays devenir de plus en plus pauvre. Les écarts entre riches et pauvres se creusent. Les disparités sociales et politiques s'accentuent.

Aide et Espoir

Malgré tout, des millions de vies sont sauvées chaque année grâce à des hommes et des femmes qui ont décidé de se mobiliser contre les injustices. Cela s'appelle l'aide à autrui.

À toi maintenant de faire passer le message afin que le monde change, que celui-ci soit plus juste. Tu as déjà gagné la première bataille en lisant ce livre, en montrant ton intérêt aux problèmes des autres.

Et si demain le journal télévisé ne présentait que de bonnes nouvelles ?
Bien sûr, ceci est un rêve, mais si beau…

À toi de jouer pour un monde meilleur.

TABLE DES MATIÈRES

DÉPÔT LÉGAL
Septembre 2020

Imprimé par Books on Demand GmbH, Norderstedt, Allemagne